はっけん いっぱい！

まちのしせつ 5

公園

監修：國學院大學教授　田村 学

はじめに

みんながくらすまちには、どんなしせつがあるかな？

図書かん、じどうかん、電車やえき、バス、公園……。

いろいろなしせつがあるよね。

まちのしせつや、そこではたらいている人は、

まちのみんなの毎日をささえてくれているんだよ。

「なぜ？」「どうやって？」

それをはっけんするために、さあ、まちへ出かけてみよう！

いっしょにたんけんするのは……

まちの
いろいろなしせつに
行ってみよう！

どんな
はっけんが
あるかな？

ハルト　　サクラ

この本ではこんなふうにたんけんするよ！

> 1回目のたんけん

▼

> ふりかえり・2回目のたんけんのじゅんび

▼

> 2回目のたんけん

▼

> しせつについてわかったことのまとめ

しせつに行くときのちゅうい

1 しせつのルールはかならずまもってね。

2 しせつの人に話を聞くときは、はじめとおわりに、あいさつをきちんとしよう。

3 パソコンやタブレットをつかうときは、りょう手でしっかりもとう。

4 パソコンやタブレットは、つかいおわったらきれいにふこう。

もくじ

はじめに …………………………………… 2

この本のつかいかた ……………………… 4

まんが \まちの/ 公園ってどんなところ？ ……………… 6

\まちの/ 公園へようこそ！ ……………… 8

いきなりはっけん！ ……………………… 10

わかったよ！ ……………………………… 12

まんが \まちの/ 公園のこと、もっと知りたい！ ………………… 14

教えてください！ はたらく人にインタビュー ……… 16

\もっと知りたい！/ 公園のしごと …… 18

公園であそぼう！ ………………………… 20

もっとはっけん！ ………………………… 22

もっとわかったよ！ ……………………… 24

公園ってどうやってできるの? …… 26

ぼうさい公園のヒミツ ………………… 28

\まちに/ 公園があるのはどうして？ ………………………………… 30

\まちの/ 公園ってこんなところ！ … 32

まんが \まちの/ 公園のこと、まとめよう！ ……………………………… 34

\まちの/ 公園いろいろ！ ………… 38

さくいん ………………………………… 39

先生・おうちの方へ

この本は、小学校の生活科で行われるまち探検や、施設見学の事前・事後学習に役立つように、実際に施設を取材してまとめました。

まち探検や施設見学は、子どもたちが公共施設の意義を理解することや、町に暮らす人々への興味を促すことを目的としていますが、その目的をどの子どもたちにも実現できるように、この本はさまざまな工夫をこらしています。

施設の様子を写真やイラストで具体的に見ることができ、見学前後の子どもたちの気づきや発見、話し合いの様子はマンガで楽しむことができます。また、子どもたちが自ら考えるきっかけになるような問いかけが、紙面のいたるところに用意されています。

タブレット等を通すと、紙面から動画へ展開し、映像で施設の特徴をとらえられることも大きなポイントです。

生活科は、自立し、生活を豊かにしていくための力を育成していく教科です。子どもたちが社会に出たときに、何ができるようになるか。生活科での学びを実際の暮らしにいかし、よりよい生活を想像していくことが期待されています。

まち探検や施設見学の学習活動を通して、一人一人の子どもが大きく成長するとともに、夢や希望を抱きつつ、日々の生活を送っていく姿を願っています。

國學院大學教授　田村 学

この本のつかいかた

マークに
注目
してね!

ふしぎなこと、
れないよ!

はてな?
ゆうくがいっぱい!
いくつあるん
だろう?

ねえねえ
どんなにおいがする?
どんな音が聞こえる?

はてな?
ゆうくがない
ところもある。
何でだろう?

9

ぼくらの
なかまだよ!

ねえねえ

ねえねえプードル

ふしぎに思ったことを話
しかけてくるよ。考える
きっかけをくれるんだ。

はてな?

はてなしば

「はてな?」って、といかけ
るのがくせ。みんなもいっ
しょに考えてみよう!

動画もチェック!

動画ブル

動画が見られるところに
いつもいるよ。そばにある
QRコードに注目!

▲ QRコード

しせつのようすが
よくわかる!

動画を楽しむために

**インターネットがつながる
ところで見てね！**

インターネットをつかうために
りょう金がかかる場合があるので
ちゅういしよう。

**音が出てもだいじょうぶか、
まわりをたしかめてね！**

動画からは音楽や声がながれるよ。
音が出せない場所で見る場合は、
音が出ないせっていにしてね。

パソコンや
タブレット、
スマートフォンを
じゅんび！

QRコードの読みとりかた

① 本をたいらなところにおく。

明るいところに
おこうね！

② パソコンやタブレット、スマートフォン
のカメラのマークをタップする。

手はきれいに
あらってから
つかおう！

③ QRコードを読みとってやさしく
タップする。

読みとりにくいときは、
カメラを近づけたり
はなしたりしてみよう。

④ 動画の再生ボタンをタップする。

再生ボタン

5

まちの公園ってどんなところ?

ふだんよく行く公園でも、よく見てみると、おもしろいはっけんがたくさんあるんだよ。
さあ、ハルトやサクラといっしょに、公園のことをしらべてみよう!

\まちの/ 公園へようこそ！

いつもおなじみの公園でも、よく見てみると、ふしぎなこと、
びっくりすることがいっぱいあるかもしれないよ！

ねぇねぇ
いろいろな木が
あるね！

動画もチェック！

子どもも
大人もいるね！

みんな
楽しそう！

はてな？
ゆうぐがない
ところもある。
何でだろう？

？いきなりはっけん！

ふしぎなことは見(み)つかったかな？　びっくりしたことはあったかな？

木(き)がいっぱい！

何(なに)をしているの？

ゆうぐがないところもあるんだ！

メモを
とっておこう！

これは何<ruby>何<rt>なん</rt></ruby>だろう？

ベンチがたくさん！

このかんばんは<ruby>何<rt>なに</rt></ruby>かな？

<ruby>動画<rt>どうが</rt></ruby>やしゃしんも
とっておこう！

よ〜く、
<ruby>見<rt>み</rt></ruby>てみると……

11

わかったよ！

自分でつかってみたり、あそぶ人のようすを見たりしたら、いろいろわかったよ！

しぜんといっしょにあそべる！

動画もチェック！

しぜんとふれあいながらあそべるよ。

ゆうぐの点けんをしている！

ねじはゆるんでいないか、手すりはぐらぐらしていないかなどをたしかめていたよ。

のびのびあそべるね！

しゃしんや動画は
近づいたり
はなれたりして
とってみよう！

あそびどうぐをもってきて、広場でのびのびとあそべるよ！

ねぇねぇ

みんなだったら、
何をしてあそぶ？

動画もチェック！

いろいろな人がつかえるトイレだった！

たきのうトイレだったよ！

何のマークかわかる？

ゆっくり休けいできるね！

動画もチェック！

ベンチにすわって、休めるよ。友だちとおしゃべりタイムもいいね！

公園のルールがかいてある！

絵があるとわかりやすい！

はてな？

どうぶつにエサをあげちゃいけないのは、なぜ？

動物にエサを与えないでください。
置きエサもしないでください。

Please do not feed the animals
or leave food for them.

公園のこと、もっと知りたくなっちゃった！

まちの 公園のこと、もっと知りたい！

ハルトとサクラは、公園で見つけたことをクラスのみんなにつたえているよ。
どんなはっけんがあったのかな？

学校

公園の見学、楽しかったね！

うんうん！

ゆうぐを点けんしてくれる人がいるんだね！

うんうん

公園にルールのかんばんがあったなんて、知らなかったよ！

利用者のみなさんへ
ゴミはお持ち帰りください
園内は禁煙です

はっけんがいろいろあって、おどろいたね！

公園が「まちのしせつ」って、よくわかったよ！

ワイワイ

すー

はたらく人にインタビュー

公園ではどんなしごとがあるのかな？
公園をかんりする「やくしょ」の人に話を聞いてみたよ！

やくしょの人

東京都豊島区
公園緑地課
片山裕貴さん

やくしょの人が、公園を楽しむための
ルールを考えることもあるんだ。

今度公園に
行ったら、どんな人が
来ているか、
注目してみよう！

 **Q1 どんなしごとを
しているんですか？**

 A1　わたしはまちの「やくしょ」につとめています。やくしょとは、まちにすむ人があんぜんできもちよくくらせるために、さまざまなしごとをするところです。その中でも、わたしは「公園りょくちか」というそしき（グループ）にいます。
　まちにすむ人がつかいやすい公園を考えたり、きれいにせいびしたり、まちにみどりをふやしたりするしごとをしています。

 ねぇねぇ

**「みどりをふやす」って、
どうするんだろう？**

 **Q2 公園は、子どもたちのために
あるのですか？**

 A2　公園はまちにすむみなさんのものです。だから、いろいろな人がつかえるようになっています。
　小学生のみなさんにとって、公園は楽しくあそべる場所ですよね。でも、ほかにもさまざまな楽しみかたがあります。小さなお子さんがすな場でお母さんやお父さんといっしょにあそんだり、ベンチで休む人がいたり、しぜんとふれあいながらさんぽをする、おじいさん、おばあさんもいますよ。

 動画もチェック！

Q3 木がいっぱいあるのは なぜですか？

A3 公園のいいところのひとつは、しぜんとふれあえることです。

木があれば、夏はすずしい木かげになるし、草花があれば、さまざまな鳥や虫がすみつきます。池などの水べがある公園には、カエルなども見られますよ。

いろいろなしぜんのすがたにふれると、とくに子どものみなさんは、心がゆたかになるんですよ。

動画もチェック！

「はっぱのそよぐ音、鳥の声なども楽しんでほしいですね」と話していたよ。

はてな？

いろいろな形の木が
うえられているのはなぜかな？

Q4 公園では、ほかに どんなしごとがあるんですか？

A4 公園はまちのみなさんがきもちよくつかえるために、いろいろな人がささえているんですよ。たとえば、そうじ。おちばをとりのぞいたり、トイレをそうじしたりと、「そうじ当ばん」の人ががんばっています。

ほかにも、のびすぎた木のえだを切る人、花だんの手入れをする人、ゆうぐの点けんをする人、公園で楽しめるイベントを考える人など、さまざまなしごとをする人がいます。

点けんスタッフさんと話しあっているところ。「ここをしっかり見よう」などと声をかけていたよ。

公園のしごとのこと、もっと知りたいな！

じゃあ、公園にかかわるしごとをさらにしょうかいするよ！

たくさんの人が公園にかかわっているよ！

もっと知りたい！ 公園の しごと

公園をささえている人は、まだまだたくさんいるよ。
どんなしごとがあるか見てみよう！

動画もチェック！

点けんスタッフさん

ゆうぐがあんぜんにつかえるか、点けんするのがぼくのしごとです。小さな見のがしがきけんにつながるので、細やかなチェックを心がけています。

東京都豊島区
公園緑地課
細田賢矢さん

［ ゆうぐの点けん ］

公園にあるゆうぐは、たくさんの人がつかうから、月日がたつとねじがゆるんだり、ひもがちぎれやすくなったりすることもあるよ。だから、せんもんのスタッフによる点けんがかかせないんだ。

小さなこしょうが大きなじこにつながることもあるから、ひとつずつていねいに点けんするよ。

ねじが少しゆるんでいるのを見つけ、しっかりとしめ直しているんだ。

ねころびながら、ゆうぐのうらがわをチェック！

パトロールスタッフさん

東京都豊島区
公園管理事務所
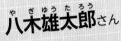
八木雄太郎さん

公園のあんぜんを
まもるのがぼくたちの
しごとです。
公園のいろいろな
ところを見て、あぶない
ところがないか、
気をつけて
いるんですよ。

スタッフさんを
見かけたら
「ありがとう」って
つたえたいな!

[パトロール]

まちの公園を見て回って、何かこまったことがおきていないか、かくにんしているよ。ベンチやトイレなどのせつびをチェックしたり、ルールをまもれていない人には、ちゅういしたりもするんだ。

木のようすをチェック。おれそうな木のえだを見つけて、しゃしんにとっているよ。ほかのスタッフに知らせるためなんだ。

公園のすみずみを回ると、かくれていたごみなどを見つけることもあるよ。

[そうじ]

おちばをはいたり、トイレをそうじしたりして公園をきれいにたもっているよ。

そうじ当ばんの人

みなさんに、
公園をきもちよく
つかってもらう
ために、いつも
がんばっています!

[花だんの手入れ]

まちにすむ人たちが、ボランティアとしてきせつごとに花だんに草花をうえているよ。

ボランティアさん

写真提供／豊島区

公園であそぼう！

公園はゆうぐだけじゃなくて、いろいろなあそびができるんだよ。
また、公園をつかうみんなが、きもちよくすごすためのルールもあるんだ。
さあ、公園のつかいかたを知って、もっと公園を楽しもう！

ルールを読む

ごみは
もち帰る
んだね。

何して
あそぶ？

いろいろ
あそべるね！

公園でできるあそび、
できないあそびって
何かな？

[あそぶ]
アスレチック

高いところからとびおりるなど、きけんなことはし
ないようにね。

公園の
たつ人になる
コツ！

ぼうしやかばんのひもは、
ゆうぐに引っかかってき
けんだよ。公園であそぶ
ときは、ひものついた服
を身につけないでね。

[あそぶ]
しゃぼん玉

動画もチェック！

人にめいわくがかからないように気をつけてね。

たっぷりあそんだよ！

そろそろ帰ろうか？

帰る前に自分のもちものをチェックしてね。

[あそぶ]
すべり台

動画もチェック！

下にほかの子はいないかな？　まわりをよく見てあそぼう。

帰る

ルールのとおり、ごみはもって帰るよ！

おうちの人とやくそくした時間に帰ろうね。

[あそぶ]
虫とり

動画もチェック！

手がよごれたら、水道であらってね。

はてな？
ごみばこがない公園もあるよ。**なぜかな？**

公園のゆうぐやせつび、しぜんは大事にしてね。きずつけたり、こわしたりしてはいけないよ。

ゆうぐは、じゅんばんをまもって、ゆずりあってつかおうね。

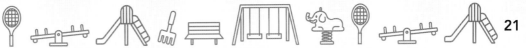

？ もっとはっけん！

公園でのあそびかたがわかったら、
さらにはっけんしたことがあったよ！

何でさかになっているの？

てつぼうの高さがちがう！

すな場にかこいがある！

木のしゅるいがかいてある！

アキニレ

はっけんを
メモしておこう！

ふしぎなベンチをはっけん!

遠いものはアップにしてさつえいしよう!

何か聞こえるかな?

出入り口にさくがある!

ぼくがくわしく教えるよ!

おねがいします!

公園のこと、もっと知りたいな!

やくしょの人に聞いてみたよ!

23

もっと わかったよ！

公園をかんりする、やくしょの人に、
公園のいろいろなくふうを教えてもらったよ！

車いすの人も通れるね！

車いすの人や、お年よりが公園に出入りしやすくなっているよ。

いろいろな年れいの子どもが楽しめるね！

体の大きさに合わせてつかえる！

せのひくい子も高い子も、楽しめるようになっているんだ。

どうぶつが入らないようにしているんだ！

ねぇねぇ
ほかにも、バリアフリーのせつびはあるかな？

どうぶつが入ると、すな場がよごれることがあるからね。

いすで
りょうりが
できるの？

「もしも」のときに、かまどにへんしん！

写真提供／
豊島区

さいがいにそなえたせつびだ
よ。ベンチの内がわで火をた
けるようになっているんだ。

▶ 28〜29ページも見てね！

スピーカーから音楽がながれたよ！

動画もチェック

毎日、夕方5時になる
と音楽をながすよ。
家に帰る時間の目や
すにしてね！

車や自てん車からみんなをまもるよ！

動画もチェック

安心してあそんでもら
うためのくふうだよ。

はてな？

スピーカーからは、ほかに
どんなお知らせが
聞こえるんだろう？

公園ってどうやってできるの？

まちの人たちのきぼうから、できた公園があるよ。
東京都豊島区の雑司が谷公園もそのひとつ。もともとは小学校が
たっていた場所なんだって！　どんなふうに公園がつくられたか、見てみよう！

小学校が公園に
大へんしん！

小学校が
公園になった！

小学校の校ていが…

広い原っぱに！

まわりの道も
へんしん！

せまくて見通しのわるい道が…

広くて見通しのいい道に！

公園をつくる前に、
まちの人たちの
いけんをたくさん
聞いたよ。こんな声が
あつまったんだ！

まちの人のきぼう

● 地いきのよさがあふれる公園にしたい
● さいがいのときにやく立つ公園にしたい
● 地いきの人たちみんながふれあえる公園
　にしたい……など

それで、どんな
公園になったの？
見てみよう！

まちの人 地いきのよさが あふれる公園に したい

かいけつ！ 集会室などが入ったし
せつ「丘の上テラス」が
公園の中にできたよ。ま
ちのふんい気を生かした、ゆった
りとしたスペースなんだ。

地いきの人たちが、じゆうにすごせる「丘の上テラス」。まちと同じように、のんびりしたふんい気にあふれている。

まちの人 さいがいのときに やくに立つ 公園にしたい

かいけつ！ さいがいのときのトイ
レにつかうための、雨
水をためるせつびをつ
くったよ。食べものなどをしまう、
そうこもあるんだ。

160トンの水をためられる「雨水ちょりゅうそう」や（左）、食べものなどをしまってあるそうこ（右）。

まちの人 地いきの人たち みんながふれあえる 公園にしたい

かいけつ！ しょうがいがあっても
あそべるゆうぐや、お
年よりでもきがるにつ
かえるけんこうきぐをよういし
たよ。

しょうがいのある人も、ない人もいっしょに楽しめるゆうぐ（左）。うんどうをサポートするけんこうきぐ（右）も、たくさんある。

まちの人たちの
ねがいにこたえた
公園なんだね！

そのとおり
だよ！

ぼうさい公園のヒミツ

ぼうさい公園には
よく見ると、
いろんなヒミツが
あるんだよ！

いろいろなやく目をもつ公園もあるよ。地しんやこう水などの
さいがいにあった人たちが、いったんひなんする場所になるなどの
はたらきをもつ公園を、「ぼうさい公園」ってよぶんだ。
東京都豊島区にあるぼうさい公園
「イケ・サンパーク」を見学したよ！

しばふ広場

のびのび
あそべるね〜！

ベンチ

ゆったり
すわれる！

さいがいがおきたら
ヘリコプターがおりられる！

すぐに手当てがひつような人を、びょういんへはこ
ぶときなどにつかうんだ。

さいがいがおきたら
火をたける！

かまど

きんきゅうのときに、ベンチの中にしまってあるか
まどをつかって火をたけるんだ。

火に強い木

みどりが
いっぱいで
きもちいい!

さいがいがおきたら

木が火からまもってくれる!

火事でも火がもえ広がらないように、火に強くて、
せが高い木をうえているよ。

コンクリートほそう広場

大きな広場
だなあ!

さいがいがおきたら

大きな車が止められる!

がんじょうなコンクリートブロックの地めんだから、
きゅうえんぶっしをはこぶトラックなど大きな車が
止めやすいんだ。

マンホール

この下には
何があるの?

さいがいがおきたら

地下の水そうから水をつかえる!

マンホールの下には、水を100トンためられる水そ
うが! さいがいにあった人の、のみ水になるんだ。

公園って
いろいろな
やくわりが
あるんだね!

みんなのまちにも、
とくべつな
やくわりをもつ
公園があるかも
しれないよ!

まちに 公園 があるのはどうして？

どうして、まちには公園があるんだろう。
考えてみよう！

公園で、
近所の友だちが
たくさんできたよ！

しごとの合間にときどき来るの。
ベンチにすわっているだけで
リラックスできるよ。

ほいく園で
いつも来ているよ。
**みんなでかけっこ
する**んだ！

毎朝、公園でかるく
ランニング。公園って
うんどうできる場所
でもあるよね。

この子が、
**公園で見る
鳥やちょうちょに**
きょうみをもった
みたい！

大きな地しんが
あったときは、まずは
公園にひなんしよう
って、家ぞくと話しあって
いるよ。

公園のベンチは、
読書にぴったり
なんだよ。

公園はわたしの
さんぽコース。**いつでも
きがるに来られる**
のがいいね。

31

 まちの 公園ってこんなところ!

公園に行ってはっけんしたことを、カードにまとめたよ。

カードに
**絵をかいたり、
とったしゃしんを
はったり**しよう!

はっけん!

まちにすむ、いろいろな人が、

いろいろな目てきで、

公園を利用していました。

はっけん!

点けんやパトロール、そうじなど、

いろいろなスタッフさんが

公園をささえてくれています。

はっけん!

公園には、みんなが

きもちよくすごすための

ルールがありました。

はっけん！

公園には、木がたくさんあって、
しぜんにふれながら
あそべます。

はっけん！

さいがいのときにそなえた
せつびをもつ公園もありました。

写真提供／豊島区

はっけん！

うんどうや休けいのために、
公園をつかっている人も
いました。

メモしたことやタブレットなどで
きろくしたことを
見直してみよう。

33

まちの 公園のこと、まとめよう!

公園で見つけたはっけんを、みんなでまとめるよ。
まとめかたをくふうできるといいね!

ゆうぐの点けんは、かならず1年に1回行うよ。ほうりつできめられているんだ。

おすすめのクイズのつくりかた

もんだいとこたえのページを分ける

1ページ目
Q「ゆうぐ」はせんもん家が10年に1回点けんしている。〇か✕か？

ぱっ

2ページ目
A ✕

考えて！
え～と
こたえは✕！
そうなの！

さらに、つぎのページにせつめいを入れる

つぎのページに

3ページ目
1年に1回！
そのりゆうは…

ほんとうはね…
何だろう？

さつえいしたしゃしんや動画を見せる

4ページ目

点けんがかりの人にききました！
へぇ～～

つくったクイズはモニターにうつして、はっぴょうしましょう！

12

おもしろそう！

やってみようよ！

13

できた！

よし！

では、さっそくはっぴょうしましょう！

14

ぼくたちは公園のことをクイズにまとめました。

公園クイズ1もん目

では
はじめます！

15　16

ポヌ

ぱっ

Q 公園に木がいっぱいあるのはなぜ？

まめちしき

ゆうぐの点けんは、「公園しせつ点けんかんりし」や「公園しせつ点けんぎし」というしかくをもつ、せんもん家が行うよ。

まちの公園いろいろ！

とくべつなゆうぐがあったり、さまざまなことが学べたりする公園もあるよ。
やってみたいことに合わせて、いろんな公園をおとずれてみよう！

きごうの見かた　●しょざい地　○電話番号

*ここでしょうかいした公園のほとんどは、休園日はなく、いつでもあそべるよ。
イベントなどは、よやくがひつような場合もあるから、しらべてから出かけてね。

行って
みたい！

インクルーシブ公園

体のふじゆうな人も楽しくあそべるくふうがされた公園。車いすのままあそべるゆうぐがあったり、ころんでもけがをしにくいように、地めんがやわらかいそざいで、できていたりする。

しゃしんは…東京都立砧公園
●東京都世田谷区砧公園 1-1　○03-3700-0414

\ たとえば /
しょうがいがある子もない子も
いっしょに楽しめるゆうぐがある！

写真提供／（公財）東京都公園協会

交通公園

公園の中にある、本ものそっくりの道ろや、しんごうをつかって交通ルールを学べる。自てん車ののりかた教室などのイベントにさんかすることもできる。

しゃしんは…大宮交通公園
●京都府京都市北区大宮西脇台町 17-1　○075-493-1116

\ たとえば /
交通ルールを学びながらあそべる！

れきし公園

むかしのたてものなどがあったあとや、むかしのすがたのとおりにたてた古いたてものなどを見学できる。また、いせきをまもり、みらいにうけついでいくやく目もある。

しゃしんは…阿波史跡公園
●徳島県徳島市国府町西矢野　○088-633-1313（徳島市公園緑地管理公社）

＼ たとえば ／
その土地のれきしにふれられる！

しぜん公園

海や川、野山のそのままのすがたをのこしながら、しぜんとふれあえる公園。野生の生きもののかんさつができるイベントなどもある。

しゃしんは…きらら浜自然観察公園
●山口県山口市阿知須 509-53　○0836-66-2030　※開園時間 9:00〜17:00（ビジターセンターの入かんは 16:30 まで）、月よう（しゅく日の場合はよく日）と年末年始は休園

＼ たとえば ／
みぢかなしぜんをかんじられる！

さくいん

あ

あんぜん ················· 16,18
イベント ··············· 17,38
インクルーシブ公園 ······· 38

か

花だん ··················· 17,19
かまど ··················· 25,28
かんばん ······················ 11

きけん ······················ 18,20
クイズ ······················ 34,36
車いす ·························· 24
交通公園 ························ 38
ごみ ························· 19,20

さ

さいがい ······· 25,26,28,33
しぜん ··· 12,16,21,33,39
しぜん公園 ···················· 39
そうじ ··················· 17,19,32

た

点けん ····· 12,17,18,32,36
トイレ ············· 13,17,19,27

は

パトロール ·············· 19,32
バリアフリー ················· 24
ベンチ
··· 11,13,16,19,23,25,28,30
ぼうさい公園 ················· 28
ボランティア ················· 19

ま

マーク ·························· 13

や

やくしょ ·············· 16,23,24
ゆうぐ
··· 8,10,12,17,18,20,27,36,38

ら

ルール ····· 13,16,19,20,32
れきし公園 ···················· 39

監修 田村 学（たむら まなぶ）
（國學院大學人間開発学部初等教育学科教授）

新潟県出身。新潟大学教育学部卒業。文部科学省初等中等教育局視学官などを経て、現職に。日本生活科・総合的学習教育学会副会長。文部科学省視学委員。生活科教科書（東京書籍）監修をつとめる。専門は、教科教育学（生活・総合的な学習の時間）、教育方法学、カリキュラム論。主な著書に『川のこえをきこう いのちを育てる総合学習』（童心社）や、『考えるってこういうことか！「思考ツール」の授業』（小学館）などがある。

撮影	渡邊春信
キャラクターイラスト	まつむらあきひろ
イラスト	上垣厚子、オカダケイコ
モデル	小川向日葵、木村 蓮（テアトルアカデミー）
デザイン	chocolate.
動画撮影・編集	chocolate.
編　集	西野 泉、原 かおり、小園まさみ
編集協力	工藤亜沙子、やまおかゆか
校　正	文字工房燦光
取材協力	豊島区、パークフル

＊この本のイラストは、じっさいのしせつのようすとちがう場合があります。

＊この本でしょうかいしたしせつのじょうほうは、2022年3月のものです。

＊しゃしんや動画に登場するスタッフのみなさんには、さつえいのときだけマスクを外してもらいました。

＊この本のQRコードから見られる動画は、お知らせなくないようをかえたり、サービスをおえたりすることがあります。

はっけん いっぱい! まちのしせつ5 公園

発　行	2022年4月　第1刷
監　修	田村 学（國學院大學人間開発学部初等教育学科教授）
発行者	千葉 均
編　集	片岡陽子
発行所	株式会社ポプラ社
	〒102-8519　東京都千代田区麹町4-2-6
	ホームページ　www.poplar.co.jp（ポプラ社）
	kodomottolab.poplar.co.jp（こどもっとラボ）
印刷・製本	今井印刷株式会社

ISBN978-4-591-17293-3　N.D.C.375　39p　27cm　Printed in Japan

あそびをもっと、
まなびをもっと。

こどもっとラボ

はっけん いっぱい！
まちのしせつ

全5巻

1 図書かん

2 じどうかん

3 えき・電車

4 バス

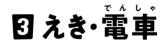

5 公園

小学校低学年～中学年向き
各39ページ　N.D.C.375
AB判　オールカラー

図書館用特別堅牢製本図書